4759

SOCIÉTÉ CENTRALE D'AGRICULTURE DE NANCY.

OBSERVATIONS

SUR LA

FABRICATION DU VIN;

RAPPORT

FAIT AU NOM D'UNE COMMISSION SPÉCIALE,

Par M. A.-J. CHRÉTIEN (de Roville),

MEMBRE ORDINAIRE ;

Lu en Séance le 7 Décembre 1843.

NANCY.
J. TROUP, IMPRIMEUR DE LA SOCIÉTÉ,
PASSAGE DU CASINO.

1844.

OBSERVATIONS

SUR LA

FABRICATION DU VIN.

Messieurs,

La discussion si vive et si intéressante qui s'était établie depuis quelques années entre le Nord et le Midi, l'industrie vinicole et la fabrication du sucre, ayant diminué d'importance, et la polémique générale entre le commerce et l'industrie intérieure ayant perdu de cette animosité qui pouvait dégénérer en lutte politique, on nous permettra sans doute de profiter de cet instant de calme et de repos pour appeler l'attention du pays, et de nos compatriotes en particulier, sur un point de la question vinicole bien autrement sérieux que tous ces débats pour la destruction d'un monopole dont la force même des choses exige le maintien. Les vignerons et les commerçants du Midi feront probablement retentir longtemps encore les journaux de leurs doléances et de leurs cris de détresse; d'autres années après celle-ci verront le Gouvernement préoccupé d'une question qui intéresse à un si haut point une très-grande partie du Royaume : mais, comme il n'y a qu'une solution possible à ce problème si difficile et si complexe, il faudra bien se résigner et, comme on l'a dit, faire du pain pour boire son vin. Il faudra bien oublier aussi ces profits énormes auxquels sont dues tant de fortunes colossales de ces derniers temps, pour se contenter d'un bénéfice raisonnable, juste rémunération cependant de peines et de travaux qui doivent être récompensés. D'ailleurs, ces plaintes si vives, des ports de mer principalement, sont-elles aussi fondées que veulent nous le faire entendre les économistes du jour ? Les transactions sont-elles donc tellement diminuées, que nous ayons à crier malheur ? C'est heureusement tout le contraire qui a eu lieu cette année même, comme l'a prouvé, de la manière la plus évidente, le tableau général publié par le Ministère de l'agriculture et du commerce. Avec toutes les nations, il y a eu augmentation sensible dans la valeur des produits échangés, et tout annonce pour l'avenir une amélioration progressive.

Quant au commerce du vin examiné en particulier, il faut bien le reconnaître cependant, il tend tous les jours à offrir un débouché moins facile à nos produits ; mais on ne doit pas en attribuer la seule cause à la diminution sensible qu'ont subie les exportations : il faut savoir aussi que les premiers bénéfices ont engagé tous les producteurs à établir de nouvelles plantations, partout où elles avaient quelques chances de réussite, et aujourd'hui les meilleures terres à blé dans le Midi rapportent du vin. Un moment de trop plein ne pouvait manquer d'arriver, et, pour s'être lancé sans réflexion dans une voie qui semblait promettre les plus heureux résultats, on se trouve forcé aujourd'hui de reculer, si on ne veut consommer sa ruine entière.

Ce n'est pas d'ailleurs dans le Midi seulement qu'on a dû restreindre l'étendue des vignes : d'autres contrées dans l'Est et plus au centre ont aussi renoncé à faire du vin, dans des expositions où les céréales seules trouvaient la température nécessaire à leur développement. Les coteaux bien exposés et en pente rapide ont été, dans beaucoup de cas, les seules terres que l'on ait conservées en nature de vigne ; car ailleurs la quantité et la qualité étaient généralement trop faibles pour couvrir même les frais du vigneron. Après cela, il faut le dire aussi, bien peu de personnes emplantent une vigne d'une manière raisonnée et économique ; en sorte que les frais sont toujours considérablement augmentés, lors même que les produits ne seraient pas médiocres.

Chez nous aussi, et même d'une manière beaucoup plus frappante que dans le Midi, les habitudes des populations ont été un contre-poids bien sensible à l'augmentation qui serait nécessairement résultée dans la consommation des vins pour la classe ouvrière, dont l'aisance s'est accrue avec les perfectionnements de notre agriculture et les progrès de l'industrie. Dans presque toutes les villes, et même à la campagne, dans la Flandre, en Alsace et en Lorraine, la bière est venue remplacer le vin dans la consommation journalière des habitants (ailleurs c'est le cidre) ; et, comme le fait remarquer M. *de Dombasle* dans son supplément aux *Annales de Roville*, telle ville, comme Nancy, qui n'avait que deux ou trois brasseries peu importantes, en possède maintenant plus de dix dans ses murs ou dans les environs, et il en est dans le nombre qui brassent beaucoup plus que les trois autres réunies il y a 30 ans. Dans la haute classe, la consommation des vins recherchés est bien moins grande que dans le siècle précédent ; d'un autre côté, la classe moyenne et la classe ouvrière ne se bornent plus au vin ordinaire du pays ;

en sorte qu'il y a au moins compensation sous ce rapport. Mais reste toujours, comme raison majeure de la diminution, ou au moins de l'état stationnaire dans la consommation générale du vin, la quantité énorme de boissons fermentées qui se débite journellement. Aussi, quelle immense extension la culture du houblon n'a-t-elle pas prise dans ces derniers temps? et il est bien certain que, malgré les chances si nombreuses que court cette plante, elle est, en définitive, plus avantageuse que la vigne.

Si, après avoir examiné la consommation intérieure, nous passons à celle du dehors, nous serons nécessairement forcés de reconnaître une augmentation, conséquence naturelle des progrès de la population. Mais les débouchés pour les anciens pays de provenance n'ont pas toujours augmenté pour cela ; et, depuis une quinzaine d'années, ils ont même subi une diminution qui tend journellement à s'accroître, et à laquelle concourent deux causes principales : 1° La fabrication énorme que l'on fait, dans tous les pays, de vins artificiels, particulièrement de vins blancs ; 2° L'extension que certaines contrées, comme le Piémont, la Savoie, ont donnée à la culture de la vigne. L'intérêt sanitaire ne peut que nous faire déplorer l'existence de ces vins frelatés, qui se rapprochent tant, cependant, des vins naturels par leur couleur et leur goût; mais c'est là une industrie trop bien établie, dans le pays même où l'on cultive la vigne, pour qu'elle ne nuise pas puissamment ailleurs à la vente des vins naturels. La seconde est un fait de progrès, qui ne manquera pas de prendre du développement.

Nos vignerons du Midi n'ont donc qu'un seul moyen de sortir d'une crise qui était inévitable, tant leur conduite se trouvait peu en rapport avec les dispositions et les changements que subissait la société. La chaleur de leur climat permet la culture d'un trop grand nombre de végétaux, pour que l'introduction d'un nouveau système puisse les embarrasser; et, s'ils ne peuvent passer brusquement de l'état de choses actuel, qui est complétement anormal, à un état normal basé sur les besoins des peuples, il faut du moins qu'ils s'arrêtent pour ensuite reculer. La création de l'engrais par la culture des plantes fourragères, si productives partout où il y a de l'eau, doit être là, comme dans nos pays, la base d'un système amélioré; et, quand la vigne ne viendra plus consommer en totalité le fumier produit par le très-petit nombre de têtes de bétail de chaque exploitation, on pourra alors compter sur une production agricole qui apaisera tous les bruits, en permettant à chacun de vivre dans l'aisance. Et, remarquons-le bien, on n'a pas à craindre ici de nous voir retomber dans un excès contraire; car la concurrence est toujours là, toutes les fois qu'il y a à espérer un plus grand bénéfice dans une industrie que dans l'autre, et le niveau ne tarderait pas à s'établir.

Ces considérations nous ont un peu éloigné de l'objet véritable de cette notice; mais elles ne seront peut-être pas hors d'à-propos, car on ne peut trop répéter un conseil qu'on a toujours fait respecter, et qui était même devenu un ordre chez nos anciens Ducs. Notre Lorraine a bien moins à craindre, il est vrai, que le Midi; mais on ne peut s'empêcher, malgré cela, de reconnaître que bien des terres emplantées en vigne seraient beaucoup mieux en nature arable, d'autant plus que le vin chez nous est naturellement faible, et que certaines espèces seulement ont su s'attirer une renommée de quelque valeur. La nature même de notre climat, les changements souvent brusques et continuels qui ont lieu dans notre température, en un mot ce que l'on pourrait appeler l'instabilité des temps et des saisons, nous expose continuellement à n'obtenir que du vin de peu de valeur ; et, dans l'espace de trente années, on n'en compte guère que six ou sept qui aient donné des récoltes satisfaisantes : c'est donc un cinquième environ ; et pendant quatre années sur cinq on fait du vin faible de peu de durée. Le fait-on encore toujours d'aussi bonne qualité qu'il pourrait l'être malgré les temps pluvieux ? généralement non, et on ne comprend pas qu'une question aussi importante que celle de la fabrication des vins, et qui peut avoir une si grande influence sur l'avenir de l'industrie vinicole, ait si peu attiré jusqu'à présent l'attention de nos praticiens. Quelques personnes, il est vrai, se sont imaginé que nous étions arrivés à l'apogée de la science ; mais elles se sont heureusement trompées : car s'il ne reste plus rien à découvrir, chose sur laquelle on peut encore élever des doutes fort légitimes, on peut toutefois perfectionner, et, sinon faire du bon vin dans les années médiocres, obtenir du moins un produit qu'on puisse livrer aussitôt qu'on le voudra au commerce, et auquel on donnera tout le bouquet que comporte la qualité des raisins, sans cependant augmenter beaucoup pour cela les frais de production. Tout ce qui a de la qualité est aussi, dit-on, ce qui est le plus économique. Ce précepte est loin d'être vrai dans tous les cas ; mais il l'est du moins dans cette circonstance, comme on aura l'occasion de le voir bientôt.

C'est encore à M. *Besval*, si cher à la science, et dont les travaux ont été en tous temps si utiles à notre Société, que nous sommes redevables des nouvelles observations qu'a été appelée à recueillir une Commission d'œnologues et de chimistes, et dont on m'a chargé de vous rendre compte, malgré mon peu d'expérience cependant sur cette matière. En d'autres mains la tâche eût été bien mieux accomplie : aussi le désir de faire connaître la vérité et d'être envers le public l'organe d'une Commission si honorable, a-t-il pu seul me déterminer à accepter les fonctions de Rapporteur en cette circonstance. Mon travail, d'ailleurs, sera considérablement simplifié ; car ce sont des faits seulement qu'il s'agit de faire connaître, et je laisserai aux savants et à la science le soin d'en tirer telles déductions et tels principes qu'ils jugeront à propos.

L'exemple que nous donnons ici sera peut-être aussi un moyen de déterminer les praticiens, les commerçants ou les vignerons à faire connaître au public le résultat de leurs observations particulières, et à oublier cet égoïsme cupide qui trop souvent empêche de mettre à profit les bons procédés et les découvertes utiles. On pourrait citer ici bon nombre d'œnologues fort habiles, dont l'expérience ne pourrait qu'augmenter la masse des faits sur lesquels s'appuie la science, et qui néanmoins gardent pour eux seuls les connaissances qu'ils ont pu acquérir sur les procédés, selon les années et les circonstances. Chaque peine mérite salaire, dira-t-on, et celui-là qui a consacré son temps et son argent à la solution d'un problème très-utile, a au moins le droit d'en profiter le premier ; mais l'ignorance du public ne devrait pas être, en pareils cas, un motif de spéculation. C'est là, cependant, ce qui a lieu dans ce siècle, où l'argent semble pour beaucoup l'unique mobile ; mais alors, pour ceux-là, le progrès est un vain mot. Ils veulent changer, néanmoins ; l'état stationnaire leur déplaît, et le système conservateur est l'objet de leur mépris et de leurs incessantes et même calomnieuses injures. Voyez, cependant, quelle inconséquence ! ils veulent le progrès, mais il ne faut pas qu'ils en souffrent ; et s'il doit venir de leur part, ils l'arrêtent et l'exploitent aussi long-temps qu'ils le peuvent avant d'en faire profiter les masses. C'est avec peine qu'on se demande ici : combien de temps encore cet état de choses existera-t-il ; et quand verrons nous enfin la société ne former qu'une seule famille au bien-être et à l'amélioration de laquelle chacun travaillera selon sa sphère et ses moyens? Un changement aussi utile dans les idées sociales, une amélioration aussi grande, est trop belle pour que nous y arrivions de sitôt encore ; car ce serait l'âge d'or des peuples, que nous pourrons bien avoir en perspective, mais qui luira difficilement en France. Notre pays renferme dans son sein des éléments trop hétérogènes, pour que toutes les classes de la société se prêtent continuellement ce mutuel appui, nécessaire pour en faire un corps solide et durable. Si nous ne pouvons arriver à ce beau résultat, qu'avaient imaginé les disciples de *Fourier* avec leur Phalansthère, du moins devons-nous faire tous nos efforts pour nous en éloigner le moins possible. Que chacun suive l'exemple de MM. *Besval*, *Villemain* et *Bonnejoy*, et tous les ans nous aurons à constater, dans la fabrication des vins, de nouvelles observations qui tendront de plus en plus à nous rapprocher de la vérité.

C'est en 1809 que M. *Besval* apprit, pour la première fois, chez M. *Jordy*, à Neuviller, ce que c'était que chaudronner le vin. Cette opération, décrite en partie par M. *de Dombasle*, dans son *Calendrier du Bon Cultivateur*, consiste à faire descendre au fond du bouge, et au moyen d'un tuyau, du moût de raisin que l'on a fait chauffer à une température approchant de l'ébullition. Toute la masse profite de la chaleur, et, la fermentation devenant plus active, le vin se fait dans bien moins de temps et s'éclaircit plus vite. La grappe se trouvant peu de temps en contact avec les raisins et les principes alcooliques, doit aussi, d'après M. *Besval*, moins céder de son acide tartrique, et l'amertume du vin diminue sans que pour cela la conservation en souffre, à moins qu'on ne veuille le garder pendant un temps très-long. Cependant

M. *Besval*, qui, à cette époque, était marchand de vin, et qui, par conséquent, réunit la qualité de bon dégustateur à celle d'excellent vigneron, remarquait presque toujours que le voyage rendait le vin de Neuviller un peu trouble ; mais il suffisait de le coller, et il avait bientôt repris sa première limpidité.

Cette manière d'opérer, dont M. *Besval* comprit bien vite tous les avantages, le détermina plus tard à employer l'égrappage, non pas pour quelques tendelins seulement, comme on le fait lorsqu'on veut avoir du vin de choix, mais pour toute sa vendange, et il ne tarda pas à se convaincre que la dépense, qui jusque-là avait arrêté beaucoup de personnes, était bien moins grande qu'on ne l'avait cru ; car, avec un peu d'habitude et quelques précautions fort simples, la main-d'œuvre se réduit à bien peu de chose. Cette année, par exemple, M. *Besval* fils n'a eu besoin que de trois femmes pour égrapper, dans un jour, une récolte de 250 tendelins. Si on les suppose payées à 1 fr. 25 cent. par jour, ce sera donc une dépense qui ne peut plus arrêter, puisqu'elle est d'un centime et demi seulement par tendelin. On pourrait aussi objecter les embarras de la vendange : mais il ne faut pas les faire plus grands qu'ils ne le sont ; car, si on peut trouver quinze vendangeuses, rarement il sera impossible d'en avoir dix-huit, malgré la position critique dans laquelle on se trouve généralement aujourd'hui à l'égard des ouvriers. L'égrappoir dont s'est servi M. *Besval* consiste dans une espèce de clé de forme elliptique, et dont les traverses parallèles, les unes au grand diamètre, les autres au petit, ont 9 centimètres environ de largeur, et sont éloignées entre elles de la même distance. A Autreville, chez M. *Villemain*, à qui la Commission témoigne toute sa reconnaissance pour les essais qu'il a faits et les échantillons qu'il a bien voulu envoyer, on a essayé un égrappoir métallique ; mais le frottement avait bientôt fatigué et blessé les ouvrières, au point de rendre la continuation du travail impossible. Il a donc fallu revenir à l'égrappoir en bois, qui se place sur une cuve dont l'orifice a été calculé d'avance. On l'enfonce de 15 centimètres environ, et il est soutenu par de petites lattes parallèles placées à chaque extrémité de la cuve, et au milieu.

La cuve sur laquelle on travaille étant remplie, on la vide immédiatement dans d'autres préparées exprès. Les grappes sont conservées pour être ensuite pressurées ; en sorte qu'il n'y a aucune perte à essuyer sur la quantité de vin. La raison la plus puissante peut-être que l'on puisse objecter contre l'opération de l'égrappage, c'est la diminution des principes conservateurs qui en résulte. Le vin, d'après ce qui a toujours été remarqué, devient bien plus tendre, et par cela même doit se conserver moins longtemps ; mais, outre que l'égrappage convient particulièrement pour les années médiocres, qui fournissent un vin naturellement assez piquant et assez peu agréable à boire, pour qu'on n'ajoute pas encore à l'amertume en exprimant le principe acerbe de la grappe, on peut, comme nous le verrons bientôt, augmenter la durée du vin en prolongeant la fermentation dans le bouge.

Depuis longtemps déjà M. *Besval* égrappait, lorsqu'il jugea, sans rien savoir cependant de la publication de M. *Bonnejoy*, de Toul, dont nous parlerons dans la suite, qu'une seconde modification restait encore à apporter dans son procédé de fabrication, pour les années médiocres ; et, c'est afin de constater les résultats obtenus de diverses tentatives qu'il a faites conjointement avec M. *Villemain,* qu'une Commission, composée de MM. *Braconnot*, Président, *Martin*, Maire de Malzéville, le baron *Henry*, *Gény*, propriétaire à Nancy, *Besval* fils, *Zeyssolff*, ancien professeur à Roville, Secrétaire de M. *Mathieu de Dombasle*, et le Rapporteur, s'est réunie le dimanche 22 novembre, pour déguster les échantillons et juger de leur valeur relative. Quoique la différence fût frappante entre les diverses sortes de vin, on a voulu cependant éloigner toute influence étrangère à l'opinion véritable, et c'est après chaque dégustation seulement que l'on a fait connaître le procédé. M. *Besval* ne voulait prouver qu'une seule chose : c'est que l'égrappage, joint à une fermentation plus active, due à la température à laquelle on porte les raisins, est d'un très-grand avantage à la fois pour les producteurs et les consommateurs, dans les années comme 1843. Aussitôt après l'égrappage et avant toute fermentation, les raisins ont été placés dans une chaudière contenant 240 litres, que l'on a chauffée jusqu'à une température d'environ 45° R., c'est-à-dire, jusqu'au moment où on a pu encore y laisser la main sans éprouver une chaleur trop vive. Avec un feu ordinaire et lorsque l'opération est en train, il faut une demi-heure pour chaque chaudière ; ce qui ferait plus de 50 hectolitres chaque 12 heures, en supposant qu'on ne fasse pas durer le travail 24 heures, chose très-facile en renouvelant les ouvriers, qui doivent toujours être au nombre de deux.

D'après l'opinion généralement reçue jusqu'alors, le vin ainsi traité fermente seulement beaucoup plus vite, et il ne peut y avoir dégagement d'aucun principe nouveau qui puisse en augmenter la qualité, que la fermentation dure d'ailleurs aussi longtemps qu'on le voudra. Cette manière d'opérer ne serait donc de quelque avantage que dans les années très-médiocres, ou lorsque les raisins auraient été rentrés par une température trop basse, afin que la fermentation ne fût pas trop retardée ; mais M. *Besval*, fort de l'opinion de M. *Braconnot*, pense que, si, au lieu de chauffer le moût pour le reverser ensuite sur le bouge, dans le but de hâter la fermentation, on chauffe le tout ensemble, c'est-à-dire, les grains tels qu'on les a après l'égrappage, non-seulement la fermentation sera beaucoup plus active, le vin s'éclaircira plus vite et pourra être vendu plus tôt, mais en outre le bouquet de la pellicule se dégagera mieux, sans que pour cela le principe astringent se trouve en quantité trop faible pour que la conservation du vin en souffre sensiblement. M. *Braconnot* croit que le pépin du raisin renferme assez de principes astringents pour que le vin se conserve pendant bien des années encore. Les vins de M. *Bonnejoy* se gardent très-facilement malgré l'égrappage, et le résultat que M. *Besval* a obtenu en 1842, vient encore appuyer l'opinion de notre célèbre chimiste. Une année est bien peu de chose, dira-t-on, pour justifier un fait aussi important ; mais tout annonce une longue durée encore dans la conservation, et c'est par une expérience plus générale et plus prolongée qu'il sera possible de se former une opinion juste et entière à cet égard. L'essentiel, d'ailleurs, dans les années comme 1843, n'est pas de conserver : l'important est de faire du vin qui puisse être livré à la consommation le plus tôt et avec le plus d'avantages possibles. Il n'y a pas de doute que, si on ajoutait de la glucose ou sucre de pommes de terre, qui cette année était au prix de 45 fr. les 50 kil., on augmenterait le spiritueux du vin, et le rendrait aussi plus agréable à boire ; mais ce que nous disons n'ôtera rien à l'importance du moyen proposé, par lequel on pourra toujours détruire en partie l'effet si funeste pour le vigneron des années froides et humides.

Les échantillons sur lesquels la Commission a opéré étaient au nombre de quatre, préparés chacun par un procédé différent, tant chez M. *Besval* que chez M. *Villemain*.

Le n° 1 avait été entonné et chauffé avec les grains.

Le n° 2 chauffé sans les grains.
Le n° 3 chauffé avec les grappes.
Le n° 4 préparé par la méthode ordinaire.

L'opinion a été unanime pour reconnaître la supériorité des n°^{os} 1 et 2, dans lesquels la matière astringente était nécessairement en moins grande quantité ; mais le n° 2, entonné sans les grains, avait moins de corps, et, quoique flattant peut-être un peu plus le palais, ne pouvait pas faire présager une aussi longue conservation que le n° 1. Probablement que c'est pour la conservation de celui-là seul qu'il y aurait à craindre. Quant au n° 3, on doit comprendre et il a été facile de reconnaître que l'acidité y dominait. L'amertume naturelle du vin de l'année était donc encore augmentée, et, en admettant un procédé semblable pour hâter la fermentation, il faudrait neutraliser ensuite les principes acides par l'addition d'une certaine quantité de calcaire ou craie ; mais c'est là un moyen bien dangereux, et, si quelques personnes s'en sont bien trouvées, il en est beaucoup d'autres aussi qui ont eu grandement lieu de se repentir d'y avoir eu recours. M. *Besval* a employé 50 grammes environ par tendelin, mais ce ne peut être là une mesure fixe, car l'acidité varie trop selon le terroir et les années ; ce chiffre doit donc être regardé comme une indication et non un conseil. Quant au n° 4, outre son acidité, il avait bien moins de bouquet, était plus plat et par conséquent bien moins agréable. Il était loin de pouvoir être consommé dans le moment, tandis que le n° 1, d'après l'opinion générale, avait perdu, tout en acquérant de la clarté, une grande partie de la crudité des vins nouveaux. Sans être bon, puisqu'en 1845 c'est une qualité qu'il ne peut acquérir, il était du moins potable, et n'exposait pas aux mêmes inconvénients, pour la salubrité, que le n° 4, complétement trouble et épais, quoique fait à la même époque.

Une chose à remarquer ici, c'est que non-seulement aucune opinion ne pouvait être formée *à priori* par la Commission, mais c'est que les expérimentateurs eux-mêmes avaient agi avec la plus scrupuleuse attention et le plus vif désir de bien rechercher et de connaître la vérité. Tous les raisins provenaient des mêmes vignes et avaient absolument les mêmes qualités; et, dans le cas où une légère différence aurait pu être établie, elle serait encore à l'avantage de l'échantillon n° 1, fabriqué avec les raisins les moins mûrs.

Un obstacle plus grand peut-être que ceux qui ont été signalés semblera devoir s'opposer au chauffage dans quelques circonstances : c'est le manque de chaudières; mais les grands vignerons ne seront pas arrêtés par cette dépense, et on pourra, dans tous les autres cas, employer l'alambic qui sert à la distillation de l'eau-de-vie. Deux hommes suffisent pour charger et décharger; et, si, à la dépense qu'ils occasionnent, on ajoute d'abord celle des deux ou trois égrappeuses qu'il faudra pour vendanger 250 tendelins par jour, et, en outre, les frais de combustible, que chacun pourra estimer d'après sa position (car ils seront très-variables, selon le prix de la matière première), on ne pourra s'empêcher de reconnaître que la dépense se réduit à un chiffre bien médiocre, pour peu que l'on travaille sur une quantité tant soit peu considérable.

Maintenant, examinons les avantages pécuniaires; car, enfin, il ne suffit pas que la Commission se soit prononcée pour tel ou tel procédé : il faut aussi, et c'est là le plus important de la question, que les acheteurs aient prouvé par leurs offres que ni les producteurs, ni la Commission ne s'étaient trompés. Cette année, à Malzéville, le vin, après la vendange, valait environ 5 francs les 44 litres ou la mesure ordinaire de notre pays. La première offre faite à M. *Besval* a été de 7 francs, et, s'il ne s'était pas empressé de l'accepter, il pourrait se défaire aujourd'hui à 8 francs de ce que les autres vignerons vendent 5 francs ou 5 francs 50 c. au plus. C'est donc une plus-value d'au moins 4 francs par hectolitre ou de 320 francs pour les 80 hectolitres que M. *Besval* avait fabriqués par le chauffage. C'est là, je crois, la meilleure preuve des avantages qu'offre le procédé. Après cela, on peut se borner, comme nous l'avons déjà dit, aux années ordinaires, ou même mauvaises, qui se présentent si souvent chez nous ; encore est-on libre de ne traiter ainsi que le vin dont on veut se défaire immédiatement après la vendange, en proportionnant, pour le reste, la quantité de principes acerbes au temps pendant lequel on veut conserver le vin avant de le livrer à la consommation. Ce cas n'arrivera guère que dans les bonnes années, et il suffira alors de laisser la fermetantion s'opérer sur les grains pendant un temps plus long. Si, comme dans les environs de Crévic, Sommerviller, les vins étaient extrêmement tendres, de manière qu'ils pussent se conserver avec peine, même en les laissant fermenter avec la grappe, il serait bon d'agir avec plus de prudence que pour les vins de pays, Malzéville et Toul ; mais la méthode peut être applicable à tous ceux qui sont durs ou très-acides.

Le procédé de M. *Bonnejoy*, quoiqu'étant une modification très-utile de l'ancienne méthode, est loin de présenter néanmoins les mêmes résultats et la même simplicité que celui de M. *Besval*. Il consiste (Voir l'*Omnibus* de Nancy, 22 septembre 1843) à égrapper et à chauffer, comme nous l'avons dit précédemment ; mais, au lieu d'entonner avec les grains, on les sépare du moût, que l'on mélange ensuite avec les grappes en rejetant le tout dans les futailles. On l'y laisse séjourner environ deux ans avant de rien soutirer ou mettre en bouteilles. Outre l'inconvénient d'un vide que produisent les grappes en se saturant de vin, on conçoit immédiatement que le but que se proposait M. *Besval* est ici complétement manqué, puisque la fermentation avec la grappe rend au vin son acidité, et que d'ailleurs il ne peut être livré sur-le-champ à la consommation. Notre honorable Collègue pense aussi, contrairement à l'opinion de M. *Bonnejoy,* qu'il est complétement inutile de remuer, quand on chauffe le moût; car il n'aura jamais le goût de cuit, si on n'élève pas la température au-dessus de 45°.

Quant à la manière de fabriquer le vin blanc avec des raisins noirs, voici le moyen qu'emploie M. *Besval.* Après l'expression du jus par le pressurage, on fait subir au vin trois traversages, de 24 heures en 24 heures, et, s'ils ne suffisent pas pour l'éclaircir, on en opère un quatrième, qui est ordinairement le dernier. En 1842, du vin ainsi préparé et récolté dans les vignes de Malzéville s'est vendu, immédiatement après la vendange, au prix de 11 fr. les 44 litres, au lieu de 7 fr. 50 cent., prix commun.

On fait aussi, dans notre pays, un vin tendre et de peu de garde auquel on donne le nom de *vin de pelle.* Certaines personnes ont pensé qu'on ne devait faire de ce vin que dans les bonnes années ; mais M. *Besval,* conséquent avec son principe et d'accord avec d'autres vignerons, a reconnu que c'est une erreur : car les mauvaises années, d'après ce que nous avons dit, sont justement celles pour lesquelles il faut égrapper et faire du vin tendre pour le livrer au commerce le plus tôt possible. Pour faire cette sorte de vin, M. *Besval* place les raisins égrappés dans une futaille aussitôt leur arrivée de la vigne. Elle est défoncée de manière à pouvoir servir de bouge, et de la contenance de 10 à 20 hectolitres, selon la quantité de raisins que l'on veut convertir en vin de pelle. Pour une futaille d'une semblable capacité, il ne faut qu'un homme pour travailler les raisins 12 heures, temps pendant lequel il suffit de les agiter. Après douze heures de repos, on pourrait tirer une partie du vin pour l'avoir bien tendre et léger en couleur ; car c'est par la fermentation que se produit aussi la couleur. On laisse le reste pendant 24 ou 36 heures, selon que l'on veut avoir du vin plus ou moins dur et plus ou moins coloré.

Voici, d'après ce procédé, ce que coûte la fabrication du vin de pelle, en sus de la méthode ordinaire. Plusieurs fois M. *Besval* a opéré sur un bouge de près de 90 hectolitres.

Égrappage, quatre journées de femmes, à 1 fr. 25 c.   5^f
Quatre hommes, pour travailler alternativement deux
à deux   7
                                TOTAL....... 12

Un bouge de raisins ainsi égrappés donnerait au moins 70 hectolitres de vin ; ce qui ne porterait pas la dépense par hectolitre à 14 centimes, frais du pressurage. Les pelles dont se sert M. *Besval* sont en bois et ressemblent à celles des brasseurs, instruments fort faciles à manier d'ailleurs et dont l'action est très-énergique.

Je ne terminerai pas cette notice sans répéter à tous nos vignerons combien il serait important au pays que chacun, selon sa position, fît ses observations et ne gardât pas pour lui seul la connaissance et les avantages d'une découverte ou d'un procédé. L'esprit qui guide notre siècle étant éminemment et avant tout de progrès, doit se rencontrer chez tout homme qui tient à son pays, et la Société d'Agriculture de Nancy recevra toujours avec reconnaissance toutes les communications utiles qui lui seront adressées relativement à une science à laquelle elle porte le plus grand intérêt, et que de hautes notabilités représentent dans son sein. Ici, d'ailleurs, nous n'avons pas la prétention, pour notre compte personnel, d'avoir produit du nouveau : c'est tout simplement l'application en grand d'un procédé que nous avons voulu faire connaître, et nous sommes persuadés que, pour bien des années, on ne manquera pas d'y trouver un avantage marqué sur la méthode généralement suivie chez nous.

(*Extrait du* **Bon Cultivateur.**)

www.ingramcontent.com/pod-product-compliance
Lightning Source LLC
Chambersburg PA
CBHW060455050426
42451CB00014B/3342